1

NUBIOLA

Margarita García Alonso

ISBN: 9798867380656
Segunda edición, Editions Hoy no he visto el Paraíso,2018

Publicado en francés, Cuadernos Nuevos Malditos,
Francia, 2017.

"Rara avis in terris nigroque simillima cygno"

"Un ave rara en la tierra, muy parecida a un cisne negro."
Juvenal

«Todo lo que he escrito de mis primeras visiones, todos los conocimientos que he adquirido después, se lo debo a los misterios del cielo. Lo percibo en plena conciencia, en mi cuerpo perfectamente despierto. Mi visión son los ojos internos de mi espíritu, y los oídos internos que me la transmiten [...] Exclusivamente, testifico lo que me ofrecen los secretos del cielo. Es entonces que escucho la voz del cielo instruyéndome. Y ella dice: ¡Escribe lo que te digo!» Hildegarde de Bingen

I— on the border of my world, and your world.

Divinidades,

en el pontón
Kent Cullers tensa pie

bajo nubes,
nubes de pájaros,
nubes de ángeles,
nubes de luz,
nubes de algodón,

ondulantes
peces del cielo
bracean nieve
con carbón.

El invierno desciende
mientras ofrezco
macarela ahumada
en gruesa sal, pero
nadie compra
con mal tiempo.

El ángel de la Marina
exhala cúmulos,
la bruma oscurece,
el faro es ínfimo,

ante el fulgor,
en sus ojos,

Hidegard von Bingen
asciende en éxtasis,
sangra por cada pluma.

Cuerpo maltratado

La casa viste
blanquísimo
traje de novia.

Bajo el manzano
adormecen soldados.

En cualquier lugar
abruma la integridad.

La mano maldice
al tallo que doblega.

En la colina
imanta el punto
de descenso.

Guía la negrura,
la oscuridad equilibra
en corto tiempo
al ciego en caída.

Del destierro
nadie regresa.

Los muertos regresan a casa.
La casa busca
a quienes partieron.

En un cuarto cercano,
y a la vez indeterminado,
aúlla el inquilino.

Puzle de ruinas.

Ojos suspendidos,
gases que ascienden.

El texto destroza
mil agujas,
el hilo cerca
del hueco.

Lago estacado
en fango espeso.

El texto cae
frente al horizonte, cae
bajo el manzano.

¿Qué significa caer-
pregunto a Newton-
si no existe santo
de manzanos?

Espíritu y matemática,
dogmas en acorde
absoluto.

Bajo el manzano
se instala la derrota.

Raíz, tripa,
vagina, madre,
pestilencia de Ser.

Puercoespín soberbio
remete estocada.

Desperdicios en el aire
de poetas en Tierra.

Escasea lo divino,
cantan, elevan polvo
que empercude
efectos electrodomésticos.

Las aves agonizan
mientras trinan
para el ángel.

El ángel hierve
aceite y poetas
en la cazuela alas.

La oveja
bajo el manzano.

Repican la buena hora,
pero algo sucede
en el campanario
repleto de palomas.

Desaparecen,
se desploman
ángeles, poetas,
gorjeos, palomas,

nadie escapa
de la infancia
ni del sexo
de verano.

A las cinco

trituran basura,
es corto el viaje,
sin posibilidad
de levantarse.

La manzana roja

la manzana del corazón,
devorada por gusanos.

El manzano no existe
en el fruto.

Fragmentos de frutos
morados, sin morada.

Puerta cerrada,
ventana entreabierta en
casa deshabitada.

A-<u>h</u>-penas
   tierra
   A-<u>h</u>
b r u m a.

La nube deshace
el milagroso horizonte.

El pie arrastra
una caja de pasteles.

El verano detenido.

Al fin pasa
el camión de la basura.

Mi escrito germina
en fango maloliente.

Cuatro callejuelas
bordean al bosque
y en la tortuosa acera,
el mismo desaliento
de todos los cielos
cuando arriba el otoño.
Por momentos,
el resplandor filetea
el respaldo de la cama,
el vino parece sangre
de vivos y muertos.

La brújula instala
desequilibrio.

La respiración acorta,
el pulso trota
hasta la puerta,
presa del gozne
no cede cuando llueve.

El pájaro arrulla
al mediodía:
¿Quién viene?

La bruma empaña
el anteojo de la cocina.

Siento **olor**
a **Matanzas.**

Bruma ligera,
dolores antiguos
sobre libros
que descorchan
en la repisa

al azar un tomo
encierra el rostro
del Pasador.

Nubiola bajo granizo.

Tallo tarja
en idioma inexistente,
escribo para
codificarme.

Desengaño,
no hay que quedarse
en ninguna parte.

Nubiola en el pecho
se atraganta, en esta
y en todas las comarcas
habita un espectro mudo.

Tropiezo, desando,
oriento con quejidos.

Trinan pajarillos,
la ondulante nube
trenza lana de oveja.

Fui buena
como el filo
de una aguja,
no hubo noche
en que excluyera
alianza.

Bajo el manzano
lengüetea la vaca.

Las palomas del campanario
defecan en mi cabeza.

Mi hija Laura teme
que en la otra orilla
avisten humo
del cigarrillo.

Balbuceo escarcha,
insisto, escarcha,
desalmados,
tiemblo.

El río seca,
perdí guerra cuando
mostré rostro.

Escuchad el estribillo,
la multitud corea
en el velorio
del exilio.

He terminado
desterrada,

Fatal.

Salgo de buena hora,
antes de que liberen
las tormentas
del jueves.

Mi madre

cambia clave.

Perdí la llave, susurro,
mas no responde.

Madre, salva
selva de deshechos.

Signos rarísimos
en la nube:
vientres ahogados en saliva,
autofagia,
estante de Hambruna.

El ignorante borra

mi nombre del
libraco ovejuno,
me acusa
por don de lengua,

cuando trino,
trino, trino, trino
a mi madre
abandonada
en la isla.

Aunque no hay guerra,
el incesante
bombardeo de palabras
destruye millones
de cabezas.

La SSL sella carta,
sentencia hoguera.

En el gallinero,
escritorzuelos archicabrones
asedian a la azufrada Nubiola,

atacan lo que queda,
pero la reina
no traiciona.

*   *SSL – Sociedad Secreta literaria*

II_

"Yo sé que mi destino está ya escrito allá, entre las nubes, en lo alto... odio no guardo a quienes combato. Ni la ley ni el deber me hizo luchar, ni hombres públicos ni multitudes, un solitario y placentero afán me empujó a este tumulto entre las nubes." William Butler Yeats

Frente a las luces
de Portsmouth reza
la muchacha,
su rostro chorrea,
se deshace
en miel dorada,

del cuenco del ojo
se desprende
una abeja sin alas.

«Dentro de mi pueblo se me llamaba Jeannette...»

No conoces mi cara quemada
—murmura, temblorosa—
Tampoco conoces la mía,
contesto,
desde el campo de corza.

Jeannette en extensa planicie
reservada a mujeres de calibre
sacro e ilíacos perfectos

en medio de la burundanga,
doncellas atragantadas
con fango

fango en la rueda dentada
que tira Catalina
de Alejandría,

tira cuerda,
tira vino y se postra
cara al suelo
para ser cogida
divina.

De renuncia hablamos,
de ardor en la entrepierna:

el Don enquista,
el Conde perjura,
el Rey defenestra,
Dylan entra y sale
a las dos de la madrugada.

Las mancebas que
llegan al cielo
baten mantequilla en
pozuela caliente–

en aquel entonces,

igual en esta época,
la lengua
de Margarita de Antioquía
suena a pájaro disléxico,
cuando cuenta:

«el ego expira si llegas a santa».

Pocos creen, contesta
Jeannette, tengo fe,
rebuzno como yegua
y la Voz traspasa.
Nací en Domremy,
a los trece escuché a Dios
y tengo miedo,

donde he caído
cabe el bosque.

Si hubiese sabido
no dictaba al escriba
que aviva brasa y me eclipsa
con zancadillas lexicales.

Estoy absolutamente sola
con cincuenta mil hombres y,
a lo máximo, cuatro tipos
se ocupan de que no llegue.

Bajo estandarte, la soldadesca
muerde hoces, levanta valla,
destruye puente.

Catherine se dedica
a tareas domésticas,
mientras libro batalla
van a pulverizarme.

De nada sirve encerrarme,
el cielo baja.

En el Mercado de Rouen
colocan leña,

astillas de nubes,
yesca del cielo sobre troncos.
A la altura de mi rodilla
asciende humo
—el humo refugia—

en la catarata del pecho
arenilla hirviente.

El capellán espera
mandato divino,
jura, perjura misterio
que no revelo.

Sin ojos presiento
el delicado gesto
del verdugo,
como cualquier pajarillo
que anida al diablo,
amontona paja y estiércol.

La túnica desaparece,
no quedan piernas
para cabalgar,
el brazo colapsa
suspendido a la flama.

Derraman brea,
escapan huesillos
de la mano como
cuentas de rosario.

Acumulo cargos:
conspiro contra
dictados,
visto casaca,
provoco escándalo,
hablo con Espíritu,
abandoné familia,
profetizo guerra,

mientras la multitud
se justifica y pacta.

Veni, vidi, venci
dragones de San Miguel,
al Delfín regalé trono
que ahora es excusado,
tibor de oro con escuderos
y garrafas de agua
para limpiar partes.

Seigneur, el delfín es mierda,
no ha enviado rosas
y en mi pelo chispean
azulinas negruras.

Se consume la vena
en sed inmensa,
salvadme,
he defendido la Francia
bajo la bandera blanca
de María.

El escriba,
como cualquier varón
testimonia
que la doncella arde
desde hace horas.

Bájeme de la brasa, Señor,
el Hombre destruye
para que usted aparezca,
y usted siempre llega
cuando apaga
el carbón,

en cualquier contienda
la bellota hiere,
la piedra se convierte
en tumba,

la virtud desencadena
roja masacre,
el hombre no tolera
mujer a (r/l) mada.

Mi guerra es Fe,
hoguera de posesa.

Fuego no mata fuego,
la llama sucumbe
en la revelación
del infierno,

banquisas polares,
ruchas espinosas,
entre cardo y cardo
del abismo
la minúscula Rosa
de Himen.

He aquí
mi clítoris capullo,

mi clítoris cuchillo
escapa de la lengua
que condena,

he aquí palabra,

mi ceniza flota
sobre la Sena,

con golpes de palo
me dispersan.

Pájaros posados,
pájaros sorprendidos,
pájaros espantados,
pájaros de piedra,
pájaros escondidos
en las ramas secas.

En el Mercado
dispersa
la blanquísima
pelusa del pubis,

el río arrastra
ennegrecido,

el calor traspasa,

la vara de limonero
rompe agua,
apesta a grasa,

la doncella flota
como islita
a la deriva.

yo, Juana de Orleans,
soy testigo.

Bajo aguacero,
el diablo
levanta hoguera

cierto fanatismo
despierta al Rey
entre plumas de cisne,

pero no hará nada,

el faisán pudre y
desenredan telarañas.

El viento
ensarta al escriba,

apenas soporto
su grosera forma
de acaparar atención
cuando me queman,

dice: 'doncella, doncella',
pero no soy la niña
de los ojos del Rey,

muero
de forma espantosa.

Extremo fuego
me doblega.
Si cociera boca,
acabaría el martirio,

pero soy la loca de la bandera
en la incomprensible
noche iluminada
por hogueras.

Si lloviese salvaría,

al montículo
asciende gorjeo
de pájaro azul,
que se transforma
en ronquido
de ogro agonizante.

La Voz inunda
cuando anego
al poblado cada invierno.

Mi voz suda cola
de garrapata para suela
desprendida de zapato,

mientras olisqueo
partículas del fondo,
desastre en todo lo hecho,

un pez me devora.

Tabulaciones astrales,

una tras otra, visiones
iluminan el bosque.

El maligno dicta
a cuatro patas,

yo, Juana de Orleans
busqué el bien,
mi ceniza cubre
el caserío,
blanca como cana
de profeta.

Manzanos en flor
sobre serpientes que
cambian escama.

Expío, espío
con rosario,

sin manos.

Niebla.

Por la ladera
queman a Nubiola,
vikingos en pleamar
incesante,

al barranco caen muchachas,
con la entrepierna sanguinolenta.

En bajamar de plena luna,
las mujeres paren
bastardos que marcan
al carbón
para que sean asesinados.

El cuerpo arde,
el cuerpo envía
señales desde Nubiola,

me destripan,
me empalan
en los acantilados.

En otro mar
mezclan mis textos,
codifican lo sagrado,
no soy doncella,
queda lejos Orleans.

A veces carta,
la SSL* organiza
vulgares favores.
La misiva huele
a animal putrefacto
en la mesita de noche.

El mundo tan jodío
como ayer,
#quemanaJuana
es trending topic.

III Mysticae

primera profecía
El bosque destila
resina, junto a un brasero
el barbero esconde
la cabeza de su madre

en el viento cintas,
ángeles celestes
con cuervos tatuados

en la espalda,
símbolos incoherentes
se transforman en
muñecos de tinta
con piel humana.

segunda profecía
El aguacero avanza
ruidoso como tropa
de saltimbanquis,

bajo el toldo,
un hombre desaparece
en gotas.

tercera profecía
El perro escondido
en los matorrales
regresa,
olfatea ropa tendida,

viene a alimentarse

un perro debe comer
como un Hombre,
a horas precisas.

cuarta profecía
ácido rocío
sobre saliva
relente de Hombre.

quinta profecía
sin exagerar,
sin dificultad,
azul oscuro
ama a azul
blanquísimo.

Se+ta profecía
tras escotilla,
crepitan ancianos,
el fuego naranja
contamina.

séptima profecía
mano, lengua,
Ojo, poderoso
moralizador.

octava profecía
en la última hora
del último invierno,
la lengua fracasa
al mínimo esfuerzo.

La misiva de la SSL
embrutece.
Una frase bárbara,
profunda, infinita
en la mesita.

IV
– Aullidos que vienen de alguna parte

El perro busca consuelo,
no muerde, necesita
compañía, agoniza
en la callejuela.

En Hombre busca alivio
en la sombra. Se arrastra
sin moverse del epicentro.

El mundo estático
conmigo, contigo
desenfoca.

Calambre hacia dentro,
hacia el plexo, acusan
a la ermitaña de levantar nubes,
de esconderse en la niebla
tras un mes de aguaceros.

Perro y mujer apenados
de ser vistos, vulnerables.

Aullidos, lobos retroactivos
devoran al débil.

Queda el huerto,
la flor naranja de calabaza
en el yerbazal.

Al abandonado rastrillo
descienden hojas.

El columpio sin silla
se estampa en el pasado,
a la sombra de frases,
algunas líneas triadas
del otoño.

En la almohada,
la blanca brevedad
memoriza.

El dolor de cabeza persiste,
fermenta palabra antigua.

Atención,
cualquiera cabeza
cae decapitada si refugia
idea insana,
igual si hospeda
a gente amada
o tufillo de exterior.

Si escribo 'alma',
un ejército armado
con pinzas de cangrejo
arranca rocas del litoral

—las babosas arrastran
fragmentos de lo que fue
orilla de isla,

alma, semilla sagrada,
alguien afirma que 'el exilio
es un género literario,
traduzco: '*es un cuento*',

mientras Hildegarde
estruja velos
para hacer papel

fibrillas rojas
mezcladas con zarza
y tinta de cerezo

al secar morenas,
parecidas a pasillo
que da a celda

entre la puerta e
Hildegarde, luz de vela

se ha manchado, pero
sucia reza
al ejército que dirige
cangrejos y tritura.
No, no usaré alma,
la escondo en cartas
escritas a mano
por mi abuela,

y me arrastro
como cartón vacío
de salsas caducadas.

En el mortero humedad,
mariposas de cáñamo,
ecos del aposento
que perdí en el cielo.

Soy el instrumento medieval
que desaparece en trapo
bajo el puño de Hildegarde.

Ahora mismo rompe
cáscaras de huevo
y logra rollo
que se extiende de la mesa
al pozo de la abadía

donde escribo

para mujeres
que hacen exactamente
lo mismo que hice
hace años: una montaña

y no está mal,

pasean pavos
bajo la arboleda,

aunque prohíban cerro,
'esta cuesta es
para quién suelta pluma'

qué importa el pájaro,
si eleva bandera
con levadura.

Levanto trapo,
blanco descolorido,
nadie pasa
sin haber hincado
pie en escritura.

Mi nervio rabia,
Mi madre duerme
en la colina,
pero no la veo,

tampoco me vi
siglos atrás en la isla

calles, arboledas,
rocas, maderas,
papeles apretujados
por Hildegarde de Bingen,
planos y planes
para construir convento

desembocan
en la misma plaza,
oh, señor, desfilan,

estoy muy sola
y el invierno acerca
droga potente
que libera.

En los alrededores
trafican poemas,

ahora pertenecen a
quien levanta pinzas
de cangrejo con
manida animal–versión
de pisamierda

sin ninguna intención,
sin resolver nada,

patético, el texto
se transforma en caricatura
de pesadilla circular,
de vez en cuando
glin gling, brillo irreal.

Hildegarde busca lana,
fibra de oro,

confieso que no hace falta,
lo que escribí no sirve,
hace años toqué
no sé qué historia
del tipo con pendientes
verduzcos de odio,

cinturón en cuero
ecológico sobre sexo

y me quebró columna,
desde entonces repite
tétricos rumores.

Demasiada violencia,
demasiada machaca,
caen cáscaras
por todas partes.

El marinero pide vino,
de preferencia caliente,

de forma metódica revisa
a mujeres que a medianoche
raptan borrachos
a pequeños aposentos
donde pagan favor.

El marinero detesta a la rubia
que cuenta sórdidas historias
de impotencia.

Las morenas instalan
un dulzón olor
a colonia barata
mezclado con sudor.

El viejo posa sombrero
felpudo junto al trago,

parece un boxeador
que por segundos desea
mirar a alguien
con quien no tenga bronca

con los ojos tetaniza
al camarero que sospecha
busca compañía, mientras
anuncia cierre a las tres.

– ¿Qué desea? –
susurra mujerzuela
extremadamente cansada.

Hace calor como en un horno,
pero el viejo y la puta desaparecen
bajo el puente.

Constante fracaso
de epidermis.

Abismo de poros huecos.

Superficialmente
dominan 'holas'.

Fetidez ajena,
ningún significado
ningún significante
ofrezco al mundo
y vice et versa.

Cualquier vicio
pone versátil:
videncia por cansancio,
golpe de escorbuto,
asombro de muerta.

Es madrugada,
el vaho anima
el odio de los otros.

Tengo miedo,
pestañeo y
cae un pétalo,
cae y dispersa
a la rosa.

El botón de rosa
se desprende
silencioso.

La luz del faro
intraducible.

El marinero anega
mientras la mujer teje
bufanda con doble aguja y
prepara Tika mazala
con arroz basmati.

Instante de Gracia
densifica la niebla.

Tumba, tumba
–repite el marinero–
con espuma en la boca.

El farero extasiado
en la calima

mientras, me muevo
en una fábrica
de hambrientos,

junto a seres
que convulsionan
bajo letras de neón,

en el exterior,
algunos hombres
profieren injurias,

pero solo me inquieta
el tabaco negro
que disperso
entre los dedos.

Bendita Nubiola, **dice el ciego**
junto a asiáticos
que desplazan nubes rosadas,

el ciego absorto
en la trayectoria del balón.
Hermoso día –repite a
la tormenta.

La equilibrista descalza,
sobre el caballo
traga espadas.
Astilla de madera
en la boca,
cada poniente,
la esquirla
ramifica.

A las seis,
la chimenea
exige leña.

Seis menos cuarto,
en el barrio cortan
rosales secos.

Seis menos cinco,
agitan madero.

El brujo necesita gajo
en forma de V
para que fluya agua.
Es como su padre,
como el abuelo,
como el padre
y el abuelo del bisabuelo

tenazmente busca,
cruza siete veces
el potrero, se persigna.

Años atrás sabía
lo que dirías
en el segundo,
mas no me descifraba
a mí misma.

Hoy eres naturaleza ajena,
no puedo acercarme,
ni acercarte,

nada es útil
por mucho tiempo,
y llevamos mucho tiempo
juntos

en la acera,
en el mercado, en el bar,
en la cama, la posada,

el vecino, por ejemplo,
espera que la esposa pierda
olor doméstico,
convencido
de no haberse casado
con la muchacha de la avenida,
ligeramente sobresaltada,
que con el talón dejaba
pocitos en el fango.

De la cara queda poco,
la rabia carcomió el mentón,
la lágrima borró el resto

lo mismo sucedió el año pasado
a su esposa, una noche húmeda
se fundió en la butaca
con ojos desorbitados.

Pasan el tiempo con
ligeros estremecimientos
de horror y placer.

Siempre enferman en el pueblo,
el doctor agita maletín,
desafía tempestad
que llega sola,
al menos usted ayuda,
–grita la esposa–
sea prudente.

Avanza,
por la calle principal
caen persianas,
una a una
entreabren, cierran
como en un entierro.

A buena hora
las vecinas se instalan
en la panadería.
Ahora mismo,
como si hiciesen el favor,
comentan males
en el condado.

La gata avista
a la armada
de mujerzuelas
que se desliza
bajo granizo.

Cruje el peldaño,
falla la escalera,
el andamio sostiene,
pero el albañil regresa
si cae la teja.

Ulular conciso
en cuarto
de alquiler barato.

Lo que ocurre intenta poseerme
no sabe en qué sitio meterse,
varias veces salta.

Soy consciente
de la hostilidad
que provoco

mi lengua chasquea
de forma significativa,

como si hubiese destrozado
la última cereza.

La mosca
sobre restos de café,
se desliza,
remonta,
observa.

Tres sacos de manzana
pudren en la cocina.
Puede llevar
lo que quiera, señor,
están a punto
para puercos,

se hace difícil
utilizar algo en fecha,
una semana sin vender
y de repente pierdo
cosecha,

señor, a diez minutos de casa
posee una hermosa porquería,
tiene usted
cerdos remarcables,
sea generoso

con el ruido
de mi panza.

solsticio

Cada año, mi habitación termina
donde comienza la mesa de comensales
que fingen alcoholismo
raspando queso sobre pan negro.

Los recién nacidos levantan
cabeza en cochecitos,
las vecinas se precipitan
para absorberlos
como si fuesen rayones de luz
del invierno pasado

los bebés gritan secretos
de procreación en el edificio.

El humo escapa,
en la marmita
desaparece la sopa,

algunos viejos han partido
muertos o cansados,
comentan caso por caso

la cerveza provoca
un espectáculo horrible,

en el largo pasillo falta luz
y de tiempo en tiempo
alumbra el ascensor

los muchachos se agarran
el sexo, mean,
mientras la guardiana
empaqueta restos,

"esa gente- dice,
no es como la de antes",

pero antes no estaba por estos lares,
respondo agradecida,

por un instante pertenezco
a esa época acabada
donde los franceses
comían mandarinas

y celebraban
la pintura fresca
de la casa.

Las cosas que no hice
en la isla regresan
cada invierno

la lana no ampara al gorrión
que aletea en el alero,

no recuerdo haber tenido
pájaro antes,
pero entre tantos
detalles feos
de la nevada,
el pajarillo picotea.

Cuando me internaron
en el manicomio
pensaba:
No digas mucho,
no digas nada.

En el acantilado,
la flor exacta
de cuándo era
muchacha.

Instante preciso:
soy el aguacero y
cultivan manzanos
como si fuesen míos.

En medio de la niebla,
la espiga.

Sena, plegaria de Océanos,
agua que abraza
Mer de la Manche, Mare Britannicum,
Mare Gallicum, Mar de la Gaule,
Oceanus Gallicus, Mare anglicum,
Gallico mari, Oceanus Britannicus,
Mare Anglica, Mer Oceane, Mare oceanum,
Britannicus Oceanus, Grande Mer Occeane,
Mer de France, Mer de Ingleterre,
British Ocean, Mare normandicum,
Ocean de Bretaigne, British Sea or the Chanell
The British or Narrow Sea, la Mancha,
Mer Britannique, Mor Breizh, Mor Bretannek,
Maunche.

¿Cuántos amigos quedan?
este murió en noviembre,
aquél se fue bloqueado en Facebook,
otro se suicidó

mientras yo buscaba
higos maduros,
higos morados sin avispas,
sin larvas de insectos.

Cada minuto siento,
ciento diez personas mueren,
otras ciento ochenta nacen,
para que el poeta irlandés
Seamus Heaney
describa el cosmos
en Noli *timere*
y yo hable a mi madre
cuando llena
un vaso de agua.

Mi madre imagina
un iceberg a la deriva
frente a la mesa
de suculentos manjares,

pero solo ensarto nubes
y perforo el ojo
de la tormenta.

Murieron los abuelos,
la luz dispersó la costa.

Mi padre rompió
el espejo, heredé
ceguera.

puedo ir ni quedarme,
gravito en

trasparencia.

Compré cama,
sillón de mimbre,
sembré amapolas
junto al manantial
donde me ahogué.

Estaría menos hambrienta
si añado agua bendita.

Frente a un restaurante idéntico
a un poeta a la moda,
mi negocio abre
y cierra cada diez minutos
en signo apocalíptico

mientras asciendo/
desciendo escaleras,
me nombran
en el megáfono,

en segundos estaré
sin arriba, sin abajo,
sin saber quién ofrece perdón,
quién ofrece cualquier cosa.

En la playa, reza Rimbaud
para que desparezca
la palizada

el pueblo bajo niebla,
la vieja
con rosario luminoso
desciende la colina
y ora

el marinero
limpia ostras y ora

también el viejo,
con el traje de su funeral,
desciende hasta la costa,

junto a Rimbaud
vuela un pajarraco.

Nubiola, casa de muertos,
Dostoyeski en aduanero
alista cabeza con cabeza,
pie con pie.

A los sobrevivientes obliga
a tejer bufanda
color perra
amarilla iridiscente

para cada desastre
perra que arranca lengua
y aúlla,

mil millones de lenguas
suspendidas a nubarrones,
mil millones de hilos quiebran,
mil millones de agujas de plata,
en la fatalidad.

Con la maleta presta,
en un día o dos me sentiré bien.

Larga despedida,
posiblemente no encuentre
a nadie conocido y fastidie
con enfermedad grave,

de todas formas,
rumorean que he desaparecido
cual elemento roto
del librero.

El camino toca a fin,
por tanto temo,

en breve comeré
helado ácido
bajo limoneros
de flores pequeñísimas.

Fragancia de limonero,
flores solitarias,
florecitas agrupadas
en pequeños racimos,

capullo púrpura,
botón hermafrodita,
cinco sépalos cóncavos,
cinco pétalos blancos,
cáliz verde
con estambre amarillo
durante todo el año.

Cada mordida alivia
cual corteza
de limón.

Desamparado bombillo,
roto bajo helada
por golpe brutal
de viento,

en hotel infectado
de cucarachas pequeñas,
palmeras de plástico
y sillones forrados
en tela de girasoles

ruido de puerto
a merced de gatos
y camioneros de pasada

desde temprano
llovizna morosa
sobre campanita
de entrada,

pero nadie aparece,
es invierno de ruta
intransitable,
carro de sal,
pan ausente,
estufa irreparable
en el maletero.

El doctor asciende
la montaña, detrás
del camión de leche,
el asfalto retiene.

Junto a la chimenea
tejen lana,
palomitas en croché
que mueven alas.

Tiene las patas infectadas,
hay que sacrificar al perro
−murmura el veterinario.

Horroris numption
No recuerdo
dónde puse la aguja,
resisto, aunque tiendo
a helar la parte baja

horroris aulla Numpt−
absoluto para salvar a Mimi,

al menos, Pío XII zurcía
con aguja de plata
su casaca,

bajo idénticas nubes
y basuras en el cielo
retomo libro inacabado,
lo transformo en fino
confeti, como si fuese
papel sanitario
mordisqueado
por oxiuros.

Sin eternidad.

CAPhADo

Para Mimi Vuvuzela Pérez.

Un animal atado a una piedra, ligado a la soga,
arrastrado en el parque. Tratan de amedrentar al
pequeño, pero tiene hado. Atado, ligado, arrastrado,
provoca.

Desvío mirada, no estoy sentada en papel protector,
nadie confía en lenguas exóticas.

Negros, blancos, rayados, desembarcan con resina y
exuberantes plumas entre plumas atrofiadas. Serán
manjar de gato. Pajarracos, reencarnaciones de
gente que huye. Este se fue y dejó a la madre, aquel
pensaba en el colesterol cuando escribía textos
ligeros, letras delicadas, sonidos breves,
repeticiones con límite ateo, super mega
puntiagudos. Su cuerpo necesita producir
hormonas, sustancias que ayuden a templar el texto.
Sin embargo, impotencia, no suelta, aprieta la lanza
de la verdad, la realidad, la autoestima, la nación,
lalalalala, lancero.

La guataca con miedo a la oscuridad, la la la. Soy
LA, la que no soportó el fondo.

Pájaros que se dejan caer, atraídos por catedrales
con pararrayos. El eléctrico no pasa, el manso puede
que circule hasta la plaza, sobre ladrillos pulidos por
lluvia tras lluvia. Aguacero sin olor a tierra. A
cualquier hora.

Música de órganos: Antonio de Cabezón, Dietrich
Buxtehude, Mozart y Haydn, art art art, hay hay hay,
ay, Johannes Brahms, wrams brams, la tripa revuelca
hambre.

Si miro al lobo, aúllo. Si miro al que palea trigo,
suda la espalda. Si miro al hombre de la escopeta,
pierdo.

Miro al borracho, duerme junto a ratas. Miro al anciano, despedaza migajas para hormigas. Matahambre en polvillo.

Miro en la estación de trenes a mujeronas, acompasan el trasero entre locomotoras, buscan animal que penetre. Quieren ser sacudidas de adentro, aceptadas de afuera, la animalidad, soltarse.

Miro un curiel aplastado. Miro al perro abandonado en la autopista. Miro al conejo que acarician, dentro del pomo es paté. Miro al perro, otra vez, vienen de capar su ego.

Entonces miro al académico, arrastra un extenso tratado de zoología.

Observo,
el animal busca garra para arrancar las entrañas al que vende verduras junto a tripas de cochón engrasado con trigo. El puerco no corrió, no fue cazado, lo empujaron. Al bajar, el chucho eléctrico le destrozó el corazón.

El negro ofrece agua. Quizás sea saliva. El blanco se agita y no logra ubicarse. Boquea ciego. El último en salir también tiene derecho, no tiene nombre, pero empuja la historia dos centímetros, o seis, depende,
muchos desaparecen.

El primero es leyenda, con dos sofoco, a partir de tres entran en el titular, pasan a letrillas once. Apenas cierren la tirada, recomienza el ciclo, otra descendencia con nombre bíblico y aspecto humanoide.

El viento eriza la cola, tac tac tac en la entrepierna. El rabo tac tac tac en el camastro. Igual preña la muerte, por accidente.

El vientre carga la infinita evolución, reduce el horizonte a trazo azul con salitre que amaestra. Doméstica, repiten, pero crezco, no quepo en ninguna casa.

La cabeza rodeada de guasasas. Vuelan bajo mal tiempo en el rectángulo de la ventana, en el centro, visibles, en la luz. Como una actriz, en la cavidad del edificio de alquiler barato que se presta para escenas costumbristas. En rol extremo, apenas veo tras cortinas. En la acera, un bicho devora yerba. Nadie le obliga, pero desaparece.

Dos africanos, cinco argelinos me siguen. Protejo bulto. Huele a tormenta.

Miro dos veces al cielo, ellos miran también, dos, tres, con disimulo. El blanco del ojo es dañino, delata. Nunca delates, antes, arráncate el ojo.

Busco funda, con cuidado. Me agito, ON/IN-seguro, calculo mal. Cavo, desenvuelvo a la gata tiesa. Se resiste, no cabe en el hueco. Excavo con tijera, arrodillada, agranda, anda.

El vecino que vende tripas respira fuerte. Por instinto profesional reconoce tufillos. Cerca de los autos alerta. Vigi, lante ante, la.
-Materia descompuesta, pronuncia.
- ¿Mierda? - interroga el militar.
-Cadáver, desde hace horas, agrega en experto.

La representación se detiene en Impaciencia. El africano silba, desvía. Suisiii corre suiiisiiii. Atención, me refugio con la gata muerta. La transporto, es una estola negra con dos esmeraldas.

Me deslizo. La gata maúlla triste, fragiliza el tabique. Detiene el gemido en pleno éxtasis. Otro intento de delito me espera. El bosque inaccesible, para panteras grandes, con dientes enormes, y alguna muerte importante, lagartijas y pájaros no cuentan. Finalmente, inclino el pararrayos.

Fulminante, la gata reduce lo que encuentra, ocupa el poderoso rol del verbo. Flota libremente, a medianoche se esconde bajo tierra.

No escampa. La lluvia ablanda. Si marina bastante mete diente.

El negro hubiese bajado, pero esta noche ningún pajarraco toca tierra. Más de uno será tragado por el océano. Tampoco pregunta, no es costumbre indagar por animalejos en cautiverio.

La loca desprendió el acantilado, chifla en morse.

El riesgo en no caer después que te han capado. Afuera graznan, siempre.

Amante con voz de radio:
¿Cuántos gatos
se pierden
en la nevada?

La lluvia de Dublín
arriba a casa.
Huele a heno, se posa
en el tedioso vaho
donde ahúmo pescado
en ramillete de pensamiento

mi gata negra ha muerto,
abro hueco en el garaje,
la epidemia crece

tras ventanas,
cien viejos estiran
el pavimento.

Nombran KIC 8462 852
a la estrella llamada Tabby
situada a ciento cuarenta
y ocho años luz de la tierra,
más caliente y luminosa que el sol.

Tabby ya no existe,
se evaporó en la polución
de la Sociedad Secreta Literaria.

La Sociedad secreta de literatos,
barajea claves
con mozalbete
experimentado
en viajes.

Le ha alimentado su madre,
quitándose granos del plato,

y el pollito de Isla grande
cacarea tras tres,
a lo sumo cuatro, malvados
en frenesí

goma mi mano,
le ilusionada la liturgia
de diluir.

Y ahí planto
pesadilla al amanecer,

un libro de pájaros,
veinte y seis pájaros
caídos del cielo
con un texto Keribeyeum

bastante profético:
no hablamos,
no nos entendemos
es tarde sin Patria,

entonces aparca arsenal
de cachimbas
al lado de tambores

vende cualquier trasto
a sobreprecio,

y solo llevo
veinte libros destartalados
de épica cobarde,

agua contra desprecio.

Él puede
con el rabo izar bandera,
hace tiempo perdió estrella,
mas ondea
bajo cinco dólares cincuenta,

número necesario
para saber valor,

apenas cuento,
una hora cinco en el mercado,

y a falta de gafas estafo
un prendedor de azabache,

no constato
si la piedra negra
es parte del complot,
pero la arrastro
a este sitio inexplicable

donde deambulan conocidos
de ristra y pluma,

afamados con afanados de letras

calculan pactos,
Black friday de stolen apple.

Viernes santo en sorba,
se me instala otro
trastorno de la atención,

finjo interesarme
en antigua receta
de optometrista,

veo chino en el menú,
el horario de comedor,
un pino presionado
por el viento,
veo pan, fruta dentro,

y juego,
juego a My Little city,
sin consanguineidad,
hermano al tipo con
el tiranus sovi patrie,
y ciertas patologías abusivas
que causan inseguridad

y nada,

restos, solo restos de la madre
que comía alas para alimentar

al monstruo que resguarda
en el bolsillo una paloma,

en cualquier momento
se declara mago.

Tan elitista
como una puta con cefalea,
pidiendo aspirina en la auto ruta.

Totalmente prescindible
la gente encaramada
en primera línea.

Miembro emérito de la SSL
–Sociedad Secreta Literaria–
envía pegatina de flores y
japonés con sable,
especialista en
despellejar nervio.

En el mismo instante cae
el pájaro que agonizaba
en el alero, cae
sobre incienso,
quema la casa.

Recuerda en el futuro:
la SSL **silencia.**

Sin aire,

acostumbrada a que
me desplacen cual
oveja malparida,

mentí y miento,
el paraíso existe,
pero es infranqueable,

desgajen al ego
del café aguado,
salpiquen tristeza,
han buscado tanto,
a sabiendas que me pertenece,

os he engañado
para preservar
la membrana frágil
del amanecer.

Os podéis aplastar,
inexplicablemente expectoro
hierbas buenas y/o malas
en resonancia
con en el ojo sano
del ángel.

El mar entama loca
carrera. El arrecife
finge ser cuervo,
luego vaca,
brama designios
en el encaje de espuma.

Cambié de ciudad
tras tormenta del pasado.

Nada, absolutamente nada
retoña, el árbol peca
frente al ancla del barco
que naufraga.

Grandioso despojo,
mi gata Mimi sufrió, ha partido,
forma parte del destrozo.

Se requiere astucia para sacudir
a hombres que dominan.
Intento purga, floto
en manuscritos.
Avergüenzo, os juro:
hice guerra,
en medio de batalla
rapé cabeza
y por breves segundos
fui faro.

Las gaviotas hambrientas
no dan tregua,
el truhan ondea trapo
de pajarero petulante,
cava mi tumba,
en el hueco defeca.

Nada salva,
un ignoble ejército lanza
tropelía de verso–plasta.

Terminado el libro,
sobre la mesa abulta
como tumba huérfana.

Comparto secreto
para cuando vayas a morir.

Te inicio constantemente:
van, vienen médicos,
enfermeras, ayudas sociales,
pero el corazón se reduce
a pera seca.

Sol en la ventana & Hombre nuevo
atareado en hacer nombre.
En Puente Sinneurona
arranca premio que
derrumba seis o siete
columnas ancianas.

Oficializo que es legal morir
de tanta porquería, hasta
firmo con fragmento del pulmón
carta a Matanzas

también escribo
poemas malos,
pero no pago
para que leas.

En la Isla tallan mi tarja:
pájara exiliada,
pájara de mal agüero
pierde equilibrio

en banalidades que
revisten fatalidad
con gracia.

Este animal herido,
esta sensación,
de haber nacido
para que ensayen cirujanos,

con rabia, tendida
para ejercicio,

tras maltrato me posan
riel de hierro en el cuerpo,
el tren pasa sin horario,
a veces coincide
con el ulular del barco
que se adentra en alta mar

este animal espera
que la gata lengüetee el
hueso,

¿quién desposeyó?,
¿quién se apropió de lo que ofrecí?

suena sirena de barco atrapado,
de la bahía no podré escapar,

suena sirena de barco en el fondo,
anegado en la pavorosa bocaza
de la ballena de Jonás.

Traquetea el tren,
alimentado de ira
paraliza mis órganos,
brazo, pierna, miembros
dislocados,
la visión oscurece hasta
verme feto, sangre coagulada,
agonizante.

Han abierto mi cuerpo como
un atlas de errores, reguero de tripas
ensangrentadas
dentro de mierdas ajenas,
mierdas pisoteadas.

Ponen pie sobre semejante.
¿Semejante a qué?,

soy la que abren, tengo
el tronco desprendido,
apenas una vena me une
a la mano

el cráneo desmorona
en arenilla, seco el ojo
roban orejas,
cortan ovarios,
y aún observo,
puedo reconocer
la partícula verde
de ADN
que carga glorioso
aire de escapada.

Puedo ver el destrozo,
cuánta soledad he sentido
para que me ejecuten
frente a mi hija.

El bosque atravesado por
murmullos,
los de antes, los de ahora
perpetran matanzas.

Es tan tarde,
la efímera nube dibuja

yegua que galopa
tras conejo de suerte,

cambiante nube
en nubarrón negro,

soy lastre, miseria,
nadie es bueno
si se deja matar

no hubo accidente,
no fue casual,
ninguna posibilidad ni
performance, menos
suicidio espectacular,
cobarde llevé
el cuerpo viejo.

La sangre barbotea,
otra vez la fiera muerta
vomita tinta.

Matanzas predadora

El predador esgrime
metal en lamelas,
hierro en tiritas
de belleza sólida

la lengua en lamelas
es menos vistosa,

idem por oreja o
ecuación inacabada,
moldeada para
que no escuche
cuando cae,
cuando caigo
en asunto colectivo,

asunto humano
difiere de proeza,
escribo,

respiro difícilmente
parece crisis epiléptica
tras tres, honestamente, cinco
pastillas

ni siquiera surte efecto,
pero perfora hígado

insanidad de lodo,
se une para exterminar

con lenguaje que
siembra duda
y tengo dudas,

cerré la puerta de sopetón,

el aire no entra en la narina,
estoy morada
en espacio agridulce.

Mi madre finalmente contesta:
'cambiaron la cerradura.'

Compota de luces
sobre cerámica de mercadillo
expuesta desde hace mucho

tengo hambre de tierra cocida,

pero la vendedora
detesta poemas
de primera mano

y me ordena tirar el saco
a la basura.

Frente al espejo,
junto al libro en alemán −intraducible−
tres diapositivas de medusa.

Debo prevenir que existo
a académicos que
ultiman borrachera
en un bar de Londres

dicen que no abandone
la carrilera, mas sin sol,
ni siquiera veo la acera.

Donde me muevo no están,
Donde se mueven no estoy e
It's rains in Barmoral.

VI 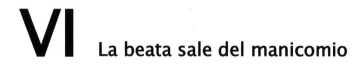La beata sale del manicomio

Soy del tamaño del universo,
floto en el espacio,
todo está bien.

Texto sin clasificar

Con toda la arrogancia
del Imperio británico:
No poema, no pose.
(no, no, no)

El silencio lee en marea alta,
cuando el mar se ha calmado
y arranco el fondo.

Si me entretengo
otro marinero naufraga.

Otoño, luz escasa,
Día de muertos,
escuchen,
con Tarkosvki caigo
entre castañas

para ser comprendida suelto
goma de borrar, «borralito»,
burrita, pollito, mojito,
qué mojigatería.

Excel sin dracma,
mi teología asusta,

tengo Don de lenguas,
tri tri triiii siiiiifff–silbidos, pajaritos–

en la oreja me habla el Señor,
soy la primera impresión
de vuestro infierno,
la minoría aplastada,
 ¿Grigori Efimovitch?

Raspoutine, Rasputin,
salva a la Reina de Groenlandia

con su Carpentier

carrrr

pennnn
tié
rrrrrrrrr
acabo de decretar Apocalipsis

para este y todos los instantes
en que humillas,

Bravo, Artaud,
God bless The Queen.

Au revoir.

Diario de escritos de Andreï Arsenievitch
Tarkovski para la punch fashion literaria cubana

Siempre lo mismo con Margo,
escribe y manda a la mierda
al cartero, al portero,
al banquero, al vecino,

soy Andreï Arsenievitch Tarkovski,
quiero traslado,
asignación, mudanza.

Quemé casa en Zavrazhie
para ahogarme en París,

visioné sacrilegios,
soy el de Sacrificio, escapé,

no me obliguen
a montar picnic
extraterrestre en la cocina,

tuve a Stalker que
tampoco llegó a nada,

no merezco penitencia,
acepté trabajo
como ángel de la guarda
pero basta,

de cualquier otro,
por favor, alguien

alabado, relinkeado,
entrevistado, premiado,
adorado, babeado
–ado, ado, ado, ado,
en número seis,

cacofonía imperfecta
de perseguidos,

solo pido espacio,

la Taiga, Miami, la capilla
de una Iglesia Ortodoxa

cualquier salmo desafinado
de la punch fashion
literaria cubana,

y no pasar a Solaris
tras las vacas
con este desespero,
esta agitación.

¿Alguien, por favor,
escribe "The end"
en esta película?

Libreta de botos

Señor, no pido nada,
no puedo limpiar la casa,
me duelen los huesos

en la Adoración del jueves
me regalaste una oración simple,
un punto sin circunstancia,
todo suelto, desparramado
en la luz que ensancha el
círculo enigmático
de silencio.

Luz en el corazón,
lucecitas de polvo cuajado,
alma de muerto,
ángeles, dioses,

rellena de inventos y
materia desechable,
empecinada en abstraerme
cuando el pavorreal
despliega cola

apesto a quemada
y estoy sola
en el huerto
de Getsemaní

por un instante,
pelusilla seca,
y al segundo
tu rostro

cuando caigo,
durante un buen rato
lloro la tarde,

en la noche vendrán,

en la noche de mi muerte
niebla, un hilillo de luz

arrastra mi infancia
destruye tu creación.

**En Getsemaní
ensamblo juguetes**
para desconocidos,

luego me precipito
como hoja
de lechuga
en el vinagre
de manzana.

La SSL advierte que soy peligrosa
-como yegua que escapa
del matadero- susurran.

**Mejor demencia
que reposo.**

La visión cristaliza:
cuatro asnos pueden destruir
un rebaño de ovejas.

La a–marga
lengua
salva.

Si escribo fin,
– y es posible
que parta
en la semana–
no veré
los geranios
en mayo.

La anciana corta pan negro
las migajas caen
en el pico de la gallina
ponedora de huevos.

Cada amanecer
recomienzo

pan negro, cuchillo,
delicada rebanada.
Tierra, masacre, hambruna,
pogromo, guerra,
diferente y con
la misma obsesión,
¿cómo es posible,
después de todo esto,
qué pierdo
escribiendo?

La marrana pisotea
excremento.
En el sendero
reciben salario y el cuervo
levanta una mala imitación
del muro de Berlín.

La poeta asalariada,
tras escudo ideológico
y antologista griego,
acecha con hemorroides
en la úvula.

**De acuerdo
a vuestros méritos**
os lee el diablo,
en la gota de saliva.

Desde el exilio insulta
con cascabeles de organza,
ronda, rodea, retuerce,
re re re re fatiga
la bienaventuranza.

Antes goteaba,
ahora es cascada
de excrementos.

Colma el goce
con griticos
que zahieren,

ha de comer humo
para soltar versos
tan livianos.

La gallina ha soltado huevo,
le duele el culo y picotea
al enjambre de insectos.

La vieja corta rebanadas
de pan negro,
y tira ojillo afilado.

Tras intensa batalla
deteriora leyenda.

**La SSL premia
penas clásicas,**
exalta a adulones con plomada
que silencian a otros
cuando agrandan terraza.

Múltiples causas mortifican a
criatura despreciable
que experimenta
texto ajeno.

**La nube inflama
la cursilería zurda.**

El perro carga, pero
la adulación
desencaja el rabo,

apenas muerde.

Chancho y marrana
cavan en el lodo de la laguna.

Cabeza de perro,
colmillo de perro,
ambiciones de
jauría.

Mi madre me confecciona ajuar
de muerta, mueve dedal
entre retazos y un ave rarísima
picotea en mi entraña.

No conozco a mi hija,
tampoco conocí a mi madre,
no sé cuánto vale un
manuscrito.

Pálida, recostada
en la cama.
La nube entra en
Templo de justicia,

ojo y lodo enganchados
a un bloque de carne
que empeora.

Contemplo la casa
que no es mi casa,
el bosque talado
que no es mi bosque.

Bajo aire dudoso,
lo imposible
estorba poco.

La noche ladra
—a un paso de la perrera,
al perro que aúlla.

¿Será posible
que la muerte
retroceda
en la biblioteca?

Paja intelectual:
perezco y perece
inacabado
el retrato de época.

Estorba la letra minúscula
posada como mosca,
no en azúcar,
en sal extraída del pulmón
de marineros que
agonizan sobre el vestido
donde no entra panza,

el dobladillo del ajuar
calienta la choza,

a lo lejos, miles de hormigas
aprecian que contemple
sin verlas.

Las hormigas detestan al perro,
no quieren ser amadas,
ni que sigan su rastro.

Junto a la hoguera
converso con la hormiga
sobre la corriente impetuosa
de soledades
que desciende del árbol.

El perro se esconde en el trillo
para que proteja
la retaguardia.

En la boca
granos de mostaza,
añicos, verdades
que recompensan,

úvula de mar,
cavidad acuática,
de nacimiento lejos,
regresaré en pez

braceareé contra corrientes
sometida al lastre, a merced
de tormentas,

hasta la casa de mi madre
donde mi corazón
se disuelve
en azucarillo.

Cada año luz,
flores, veladoras,
sahumerio,
papel picado,
tela morada bruta
desafina la seda,
barro, sal, candelabro,
cruz sobre puntos
cardinales
para que el ánima
encuentre.

En la frontera
de mi mundo
y tu mundo
la nieve remolina
el aspa de gallo

en la anciana bodega
de especies raras

ascienden olorosos polvos
de remotos
continentes.

Nieva sobre carbón.

Es el momento,
inevitablemente voy
a apagarme,

deben acostumbrarse,
cuando alguien se va,
no regresa en un día o dos
para despedirse,

recuerden,
la perra desaparece
bajo Auto
de Fe.

Margarita García Alonso– Poeta, narradora, artista visual, periodista (Matanzas, Cuba, 1959, reside en Francia desde 1992 con su hija Laura.

En Cuba fue directora del semanario cultural Yumurí y editora para Casa de las Américas. Licenciada en periodismo de la Universidad de la Habana. Máster en Industrias gráficas en Francia.

Poemarios: "Sustos de muchacha", Ediciones Matanzas, 1988. "Cuaderno del Moro," Letras Cubanas, 1990. "Mar de la Mancha", 2009. "Maldicionario", 2011. "La costurera de Malasaña", 2012. "Cuaderno de la herborista", 2012. "El centeno que corta el aire", Betania, 2013. "Breviario de margaritas", 2014. "Cuaderno de la vieja negra" y "Zupia", 2017. Muestrario de Sirik, compilación de poemas, 2017, "Punto" y "Secretan", 2018, en Editions Hoy no he visto el paraíso. "La aguja en la manzana", edición bilingüe, (francés, español), en L'échappée belle edition, Paris, 2011. Racolta di margherita, Edizioni Saltilibro, Roma, 2017. Tres cuadernillos en la colección 'Nuevos malditos', Normandíia, Francia, 2018, 19 y 20.

Noveletas para niños: "Garganta", y "Señorita No y señora sí", 2011. Las novelas: "Amarar", Ediciones El barco ebrio, 2012, y "La pasión de la reina era más grande que el cuadro", 2011. Mouche, editora Exodus, Miami, 2019.

En la categoría Arte: "Isla, el libro imposible" junto a Maya Islas. "Cierta idea de la justicia", así como el primer libro ilustrado con textos de José Lezama Lima: « Lezamillos habitados ».

Aparece en la Antología de la poesía cubana del exilio, Aduana Vieja, 2011; en "Catedral sumergida", poesía cubana contemporánea escrita por mujeres, Ed. Letras Cubanas, Col. Biblioteca Literatura Cubana, La Habana, 2013. Ha realizado numerosas portadas de libros para autores cubanos.

Premios de poesía José Jacinto Milanés, Bonifacio Byrne, y 13 de marzo y en los Encuentros Nacionales de Talleres Literarios. Premio Néstor Ulloa, y 17 de mayo de poesía, Cuba. Premio de la Taberna de poetas franceses, 2006, entre otros relacionados con su trabajo visual.

editions

Hoy no he visto el Paraíso

Printed in Great Britain
by Amazon